SOL DESCALÇO

SOL DESCALÇO
Carlos Cardoso

1ª edição

RIO DE JANEIRO • SÃO PAULO

2021

CIP-BRASIL. CATALOGAÇÃO NA PUBLICAÇÃO
SINDICATO NACIONAL DOS EDITORES DE LIVROS, RJ

C261s

Cardoso, Carlos
  Sol descalço / Carlos Cardoso. – 1ª ed. – Rio de Janeiro: Record, 2021.

  ISBN 978-85-01-11860-8

  1. Poesia brasileira. I. Título.

19-60901

CDD: 869.1
CDU: 82-1(81)

Leandra Felix da Cruz - Bibliotecária - CRB-7/6135

Copyright © Carlos Cardoso, 2021

Todos os direitos reservados. Proibida a reprodução, armazenamento ou transmissão de partes deste livro, através de quaisquer meios, sem prévia autorização por escrito.

Texto revisado segundo o novo Acordo Ortográfico da Língua Portuguesa.

Direitos exclusivos desta edição reservados pela
EDITORA RECORD LTDA.
Rua Argentina, 171 – Rio de Janeiro, RJ – 20921-380 – Tel.: (21) 2585-2000.

Impresso no Brasil

ISBN 978-85-01-11860-8

Seja um leitor preferencial Record.
Cadastre-se em www.record.com.br
e receba informações sobre nossos
lançamentos e nossas promoções.

EDITORA AFILIADA

Atendimento e venda direta ao leitor:
sac@record.com.br

Para minha família.

SUMÁRIO

Apresentação — *Italo Moriconi* 11

[Que caia o amanhecer,] 21
Brincando 23
No meio da pedra 25
Pavilhão imaginário 27
Sussurros 29
Unha crescendo na carne crescendo na unha 31
Poeira que ferve 33
É que o vento cresce à medida que o vento sopra 35
Eu serei noite e serei dia 37
Todos tudo e tudo 39
Três Marias 41
Tudo é pequeno demais para caber nas asas dos anjos ... 43
Um corvo no caldeirão da morte 47
O caminho dos cavalos 51
Sagrada fosse a fome 57
Eu sigo a esmo 59
[Deixa cair] 61

Qual das guerras, que ressurreição 63

Sábado à noite 65

Arquitexto 67

Algebrando 69

Ereto e calmo 71

Agradecimentos 73

APRESENTAÇÃO

Em boa hora nos chega este *Sol descalço*, de Carlos Cardoso, depois do reconhecimento recebido por *Melancolia* (Record, 2019), vencedor do prêmio de poesia da Associação Paulista de Críticos de Artes. *Sol descalço* nos permite descortinar as fontes mais originárias da sensibilidade poética de Carlos. Se *Melancolia* evidenciava maturidade técnica e temática, composta por um corpo orgânico de poemas em torno do tema-título e das metáforas que o representavam (a principal sendo a figura da pedra), o presente volume é mais como um palimpsesto, em que podem ser discernidas camadas diferentes da evolução do poeta. Um poeta que não *luta* com as palavras, como Drummond. Apega-se a elas como boias salvadoras em pleno perigo de naufrágio. Temos aqui uma poesia rascante, sem concessões ao sentimentalismo banal, mas que não deixa de mirar o amor.

À primeira vista este *Sol descalço* parece marcado por menor teor de organicidade que *Melancolia*. A leitura atenta nos revela, porém, no miolo do livro, uma sequência de poemas fortemente articulados entre si. Ela incita o leitor a dividir a matéria do volume em três momentos. O momento inicial, introdutório, é formado pelos sete primeiros poemas do livro. Neles, o poeta apresenta sua poética, seu conceito de poesia, seu modo de vivê-la. Em seguida, temos a eloquente sequência que constitui o miolo do livro. Seu coração, seu núcleo. Ela vai de "Eu serei noite e serei dia" (p. 37) até "Eu sigo a esmo" (p. 59). Alguns dos poemas nessa sequência, eles próprios seriais, integram o que há de melhor no cenário da poesia contemporânea brasileira. Refiro-me a "Tudo é pequeno demais para caber nas asas dos anjos", "Um corvo no caldeirão da morte", "O caminho dos cavalos", "Sagrada fosse a fome" e "Eu sigo a esmo". Recebo a informação de que tais poemas estão entre os textos mais antigos de Carlos, escritos ainda na adolescência. Na visão deste que prefacia, sua força poética está na linguagem mais discursiva, nos versos mais longos que o prevalecente no restante da produção de Carlos, voltada para a depuração formal. Em poética, a lei da depuração reza: menos é mais. Elipse, lacuna, afasia. Afastamento da linguagem comum pela sintaxe e pelo sentido, não pelo vocabulário nem pelo registro discursivo.

No presente volume, a poética da depuração está presente nos poemas iniciais e nos finais. O contraste, aqui tão nítido, entre ela e uma poética da discursividade e do verso mais longo, mostra-se mais complexo e diverso. Tanto num quanto noutro existe uma riqueza mais dúctil de ritmos, a partir de um exercício de depuração consolidado que não mais teme ou se opõe a uma poética clássica do verso.

* * *

Vejamos a sequência inicial de *Sol descalço*. O livro é colocado sob a égide da "pureza do sacrilégio" já no poema de abertura: "que os dias acumulem-se// não na incerteza,/ mas na pureza do sacrilégio." (p. 21). Temos aqui, portanto, reafirmada a proposta de uma poética do sacrilégio que se soma à da depuração. Ou seja, o discurso poético se apresenta como desafio ou provocação à norma religiosa. Extensivamente, a toda norma, desafiando amiúde as regras da regência gramatical.

E há a enigmática *pureza* nesse sacrilégio. O que seria a pureza do sacrilégio, já que este, por definição, pertence à ordem do impuro? No prefácio que escreveu para o livro de 2017, Silviano Santiago apontava para o caráter de *oximoro* da expressão criada por Carlos. Oximoro: um termo se opondo frontalmente ao outro num mesmo enunciado — pureza, sacrilégio. Na leitura de Silviano, o oximoro seria força semântica definidora do modo de operar a linguagem praticado por Carlos.

O oximoro, na sua convivência dramática de termos opostos, pressupõe sempre uma quebra de expectativa. Ele *é* quebra de expectativa. Outro exemplo encontramos logo nas duas primeiras linhas do mesmo poema de abertura: "Que caia o amanhecer,/ o raiar do entardecer" (p. 21). O amanhecer cai como a tarde, a tarde raia como o amanhecer. A expectativa de sentido é desobedecida pela inversão. Quebras de expectativa são constantes de verso a verso e de estrofe a estrofe na poesia de Carlos Cardoso.

A decodificação da noção de pureza começa pelo que ela tem de análogo com as opções formais do poeta. Além de incidir sobre o verso, a depuração é depuração do sacrilégio.

Afirmemos: em *Sol descalço*, o dado de pureza é o sacrilégio cometido antes de ser reconhecido como tal, similar ao pecado da criança que não sabe o que é pecado. A criança é imagem recorrente nos poemas deste livro, como em "Brincando" (p. 23): "o silêncio é minha arte/ e o criei assim, brincando." (p. 24). Vemos que o poeta presta homenagem ao fundamento lúdico de certa ideia de poesia na modernidade. A ideia de que a raiz do poético é análoga ao olhar livre da criança, frente ao mundo e à linguagem. Lemos, no mesmo poema: "talvez as palavras me fujam/ e eu me disfarce de criança,/ o silêncio é meu pecado/ e meu verso, a esperança." (p. 23).

O poeta apenas se *disfarça* de criança. Finge ser o que deveras é? Mais à frente, ele se autoqualificará de "atrevido" (p. 27). A pureza é o sacrilégio disfarçado, entre o silêncio e o verso. Não se trata portanto do sacrilégio da blasfêmia e da ofensa e sim de um silêncio distanciado, de um afastamento, talvez involuntário, descompromissado do som e da fúria do mundo. Estamos longe da sátira. Estamos diante de uma ludicidade compenetrada, introspectiva, construída, mas não totalmente indisponível. Frente ao abismo da introspecção, o verso é tênue esperança, pela abertura via palavra.

* * *

Na sequência de poemas formada por "Sussurros", "Unha crescendo na carne crescendo na unha", "Poeira que ferve", "É que o vento cresce à medida que o vento sopra" (p. 29-35), a importância da palavra sobressai sobre a autodefinição do poeta. Em "Sussurros", a palavra é "pingo no escuro" (p. 29), em "Unha crescendo na carne crescendo na unha", é "palavra qualquer contento" (p. 31), em "Poeira que ferve" é "Palavra ancorada no peito, / pássaros, pássaros" (p. 33). Finalmente, no poema "É que o vento...", os versos talvez mais conhecidos de Carlos: "eu amo os poetas e a poesia porque são belos,/ e as coisas, porque são brutais" (p. 35).

Não temos razão de duvidar que a poeira que ferve não seja a poeira cósmica e que o vento autoinsuflante não seja o vento do espírito. Ocorre, porém, que "há uma dor mineral em meu corpo" (um belo verso). Em torno do cosmo, do espírito e do corpo mineral desdobrar-se-á a poética de Carlos Cardoso. Pois é com esses dois poemas, o da poeira e o do vento, que o livro dá o salto para o que foi aqui chamado de "miolo" do volume (não no sentido do objeto físico livro, mas do texto em si, do conteúdo). O miolo que, se minha hipótese for correta, revela a motivação originária do talento poético de Carlos Cardoso.

Motivação sacrílega, em aguda fricção e afastamento do discurso religioso. As referências se sucedem, totalmente desfocadas, deslocadas, descontextualizadas, mas não satirizadas nem achincalhadas, são ecos do religioso que fragmentariamente pontuam a palavra poética de Carlos Cardoso: "tenho uma outra face", "o sermão de Maria", "sobre o meu corpo/ repousa a ferida", "flagelo", "o fel e um córrego de leite", "vermelho chão do inferno", "redoma de fogo, objeto de Cristo/ cruz fincada no desespero", "fábulas de chuva/ sob o grito dos anjos", "o útero de Cristo" (aqui nos aproximamos da blasfêmia), "manto dominical,/ todos a comer e beber/ a semente da hipocrisia,/ Deus?/ E tudo é pequeno demais,/ 'oh, Criador',/ para caber nas asas dos anjos." A partir da parte II do poema "Tudo é pequeno demais para caber nas asas dos anjos", a referência cristã abre espaço a fugazes cenas pagãs (adoração do bezerro), embora termine com "do sangue/ das palavras crucificadas." (p. 46).

Na contracorrente da poética da depuração, emerge um eco de fervor apocalíptico que vai num crescendo até chegar ao belo poema "Um corvo no caldeirão da morte", dedicado a nada mais nada menos que Dylan Thomas. O tom desse poema relativamente longo sobre a morte ecoa a fluidez eloquente da poesia do galês, o que verificamos também na primeira parte de "O caminho dos cavalos" e no poema "Eu sigo a esmo". Do anjo, ao corvo, aos cavalos — estes por algum motivo me trazem a memória de Ivan Junqueira, o poeta da melancolia e dos embaldes embates da subjetividade. O presente prefaciador (apreciador) considera salutar no cenário intelectual da poesia brasileira a presença dessa poética atravessada pela exaltação de um *pathos*, certamente contido.

Abordar a morte é introduzir o tema do fim. Fim dos tempos, fim da vida, fim da herança paterna, fragmentação da palavra religiosa. Nesse plano, a poesia de Carlos Cardoso, de ideias que se fragmentam e imagens que se acumulam, tem por pano de fundo a indagação existencial, presente e ausente, presente na ausência. Tal inquietação vem com força total nos poemas "Sagrada fosse a fome" (p. 57) e "Eu sigo a esmo" (p. 59). Em "Sagrada..." o Senhor (o pai, o Deus, a Lei) é que é qualificado — denunciado — de "sarcástico". "Eu sigo a esmo" é um poema de redenção.

* * *

Para encerrar, vale a pena, depois do percurso, no fechamento do exemplar, voltar a seu título. O "sol descalço" me sugere qualidades da poesia de Carlos. A começar pelo despojamento, inclusive das sandálias da humildade, que no entanto estão presentes pelo tom menor e introspectivo adotado. Uma poesia que busca a transparência, a luz paradoxalmente cegante do sol, tendo por instrumento exploratório a valoração calma da densidade existencial das palavras.

Italo Moriconi

Que caia o amanhecer,
o raiar do entardecer,

que os dias acumulem-se,

não na incerteza,
mas na pureza do sacrilégio.

Brincando

Talvez as palavras me fujam
e eu me disfarce de poeta,
o silêncio é minha casa
e a construo em linha reta.

Talvez as palavras me fujam
e eu me disfarce, cortejante,
o silêncio é uma pedra
e a chamo diamante.

Talvez as palavras me fujam
e eu me disfarce de criança,
o silêncio é meu pecado,
e meu verso, a esperança.

Talvez as palavras me fujam
e eu me disfarce, assim, amando,
o silêncio é minha arte
e o criei assim, brincando.

No meio da pedra

para Carlos Drummond de Andrade

No meio da pedra tinha um caminho
tinha um caminho no meio da pedra
tinha um caminho
no meio da pedra tinha um caminho

há pouco lembrei-me desse acontecimento
na vida de minhas retinas não tão fatigadas
há pouco lembrei-me que no meio da pedra
no meio da pedra tinha um caminho.

Pavilhão imaginário

A inviolável arte
da tragédia é humana,
múltiplas metáforas
do poeta atrevido,

desordem de palavras
nesse universo de cores,
imagens taciturnas
rajadas dos olhos,

pavilhão imaginário
a fatiar a carne em espírito.

Sussurros

Gritos sem paixão,
sussurros.

Homens,
mulheres a implorarem perdão.

Amor aportado no muro,
eloquente, intransigente e duro,

e a palavra, pingo no escuro,
chora, razão sem urros

— sussurros.

Unha crescendo na carne crescendo na unha

Palavra qualquer contento
luz que se aclara ao meio-dia
rimar rima com vento
transar com a própria heresia
gozo entrelaçado na carne
infindo que nunca sacia
água que transborda da água
prazer que não principia
olhar que pouco olhava
o muito talvez existia
como o cerne inacabável no tempo
que morre e nunca anuncia
flores estendidas no leito
no peito não mais silencia
a angústia que outrora calava
a vida que não mais se vivia
unha crescendo na carne
crescendo crescendo morria
tal qual menino covarde
que se afugenta do dia da vida
palavra qualquer contento.

Poeira que ferve

De que adianta
o mais puro sol,
asa de espectro,
máscara de ontem,
se o homem não mais é leve,

vento de sábio,
poeira que ferve.

Temo em cada ponto,
em cada sem fim,
o quanto o instante é breve.
Cada Deus possui um risco,
e cada risco,
passos de lebre.

Vozes, vácuos, sorrisos,
imagens incertas de adeus.
Toda resposta,
pó e lágrimas
calam o espanto dos pássaros.
Palavra ancorada no peito,
pássaros, pássaros.

É que o vento cresce à medida que o vento sopra

Há uma dor mineral em meu corpo
dizem das flores
que elas florescem na primavera,
e que o vento cresce
à medida que o vento sopra.

Há um verbo ilustre em meus versos,
eu amo os poetas e a poesia porque são belos,
e as coisas, porque são brutais.

Eu serei noite e serei dia

Tenho uma outra face
que não é a rebeldia do exílio,
conto com a morte
e uma palavra de alívio
para quando o sermão de Maria
ocultar o sublime sonho
do unicórnio perdido.

Saberei que o tempo
é apenas uma gota d'água
a beber o saber etéreo
da fugaz sabedoria.

Sempre que as coisas
forem tristes,
e o rio guardar em si
o ser
por onde o ser não navega,

eu serei noite e serei dia,
e serei dia e serei noite.

Todos tudo e tudo

Sobre o meu corpo
repousa a ferida,
todos tudo e tudo
articulam a tempestade de sangue,

flagelo cortado em fatias no útero,
instante imaculado
em que as trevas ressurgem
da glândula sagrada.

O fel e um córrego de leite
silenciosos percorrem
as gengivas,
tudo e todos e tudo é loucura,
pele descalça
no vermelho chão do inferno,
verbo a emergir submergindo das trevas,
sólidas marés reluzentes
a reconstruir o crânio,

redoma de fogo, objeto de Cristo,
cruz fincada no desespero,
tudo e tudo abstraído
do coração do ódio,

semente de flor
a queimar nos dedos das mãos,
papel
e primaveras a ressurgirem
em lágrimas.

Três Marias

I

O ridículo verde
traz-me uma vaga lembrança:
dois meninos mortos
com o braço desnudo da Terra,
roupa do alfaiate recém-nascido
do ciclone de lágrimas
e dos insetos
já fartos de milagres e Josés,
fábulas de chuva
sob o grito dos anjos,
falar da noite
e das estrelas despedaçadas nas nuvens,
e de quatro lobos
a desfazerem a matilha, pai,
filhos, Josés,
raios solares e Três Marias,
folhas nobres
sobretudo tema de vida,
brilhos ecos límpidos
ante o sangue e o silêncio dos anjos.

II

O deserto senhorial
sangra nas colinas,
espuma das ruínas,
e mais chagas do fedelho
e do sacerdote da agonia,
choro cujo sol etéreo
figura a noite e a ti, meu pai,
estranho arbusto de ossos
do Menino Branco de gelo,
gota de um espectro mais sombrio,
raios e Marias,
anjos.

Tudo é pequeno demais para caber nas asas dos anjos

I

Os uivos dos gatos
os frutos da terra
o útero de Cristo
trompas farpas ferro fogo
e línguas ferinas
gritam com a dor dos mortos
e com o choro das rochas,
o ódio
esculpido pela flor imóvel
deixa queimar o focinho do porco,
coração das ostras
ante o sorriso traiçoeiro
das crianças,
janelas além das metáforas
e das gigantes marés de escuridão,
pedaço de vento
a empurrar a cabeça para dentro da cabeça,
caminho dos homens
ora pó ora poema,
incêndio a tomar as estrelas
como quem paira sobre as piras do espírito,

e nada é carvão
nos bosques de urtigas,
carneiro da língua da menina e do desejo,
lamber da ventania
a oprimir no umbigo
o gigantesco olhar dos rebeldes,
folha áspera da agonia
manto dominical,
todos a comer e beber
a semente da hipocrisia.
Deus?
E tudo é pequeno demais,
"oh, Criador",
para caber nas asas dos anjos.

II

O velho pássaro virginal
grita em cascatas de tempestades,
depressa depressa,
as trevas tremem ao sagrado orgulho
dos filhos sobre a Terra,
um córrego de vinho basta
para que as nuvens celebrem
o bezerro recém-nascido,
barbatanas da família,
orelhas da humanidade
a rodopiar
nas sepulturas que pairam
e piram pés de rã.
Línguas dissolvidas
pela fúria dos bois,
— mito
a dizer do fogo,
do róseo chumbo das heranças
que a colina nobre do sangue
crê no delírio
e nos espinhos dos cactos,
homem sobre as orelhas do medo,
sobretudo choro profano n'alma do poeta,
eu sei que a dor ecoa
na colina dos acordes perdidos
e que os demônios

libertam os deuses na cúpula dos mortos,
nas asas dos pássaros
e nas janelas do vento.
É que as orelhas percorrem
tempestades incandescentes,
nuvem do mito
que virá tecer o perfume da derrota,
ao lado do silêncio das ervas
e do sangue
das palavras crucificadas.

Um corvo no caldeirão da morte

para Dylan Thomas

I

Não seria tão forte o córrego seco da noite
quanto a tumba enegrecida no túmulo do fogo,
celeiros de vermes guardados no umbigo,
morte tão profunda em seu peito
que qualquer tombo, qualquer ódio, gerariam um oceano
[de trevas.
Vejo em cada face
o suspiro flamejante da morte.
Silêncio sem sangue, primaveras enfurecidas,
espasmos lógicos golpeando o medo crepuscular.
O céu outrora encapuzado
varre qualquer ilusão de vida,
dia e noite travam nos arredores do corvo
uma imensa batalha de gozo cruz e rocha,
selvagens crianças, amanhecer longínquo
tilintam em suas pálpebras a dúbia morte dos doze ventos,
galopeio desesperado a anunciar um sussurro de vida,
giro meu corpo e grito em lágrimas.

II

Há quem suponha que minhas lúdicas lágrimas
sejam espectros da morte convulsiva,
paredes apedrejadas de fluidos românticos
arrastando ventos aos precipícios das marés,
rubra palavra órfã no câncer de um mendigo d'alma,
fresco leito de corais na margem sem crenças
dos mares ainda não diluídos nos pulmões,
dilúvios escorraçados nas conchas da fêmea esquiva,
crânio oco a impor o sabor da beleza,
morte a cada época de vida, tesoura do próprio cadáver,
latente lâmina cravada no coração dos pássaros
a sangrar os degraus dos punhos suicidas
e, em espinhosas notícias, gritar pelo seu nome.

III

O nevoeiro escurece pelo mato e me deito,
o corpo agora tem nome, é morte!

É morte a cúpula piedosa,
raposa ajoelhada na folha de um acorde,
violinos sem cordas, rosas tão cálidas
quanto a metáfora do outro na veia da morte,
ornamentos palpitantes repletos de dor
despedaçada nas nuvens,
agora só me resta aguardar o ídolo,
lenda de super-homem sucumbido nos galhos das ondas,
cachaça destilada em versos, estética do absurdo.

Rezo aos demônios
por toda epiderme dilacerada nos olhos,
carniça no pólen da flor,
negras plumas no coração da terra,
faço ecoar no túmulo de Shakespeare
o líquido gemido de Romeu e Julieta
no ato do gozo,
essência de Dylan Thomas em faíscas de trovão,
e só me resta dizer:
morto
o homem me parece tão frágil!

IV

Fegatello
montando seu cavalo de delírios
lembra o nascimento e a morte,
soldados em batalhas tão fúteis
quanto a carne podre no corte,

reluzente bênção, cristo materno,
resignada morte,

luz sexo e arco-íris
brilham na finada hora,
despertar o imaculado regresso,
comprar sonhos e desejos banais,
branco rio que leva à vida,
morte já carcomida,
que não mais xinga não mais grita não mais fala,
apenas resvala seu nome,
labaredas de fogo
canções celestiais,
cavalgadas de sono rumo a misericórdia,
seu nome,
corvo.

O caminho dos cavalos

I

Com o mapa do informe rastreei a cidade dos mortos,
ossos e paraísos e gesso em estilhaços
oravam ao solitário voo do ganso,
a morte os demônios e os anjos
habitavam os estábulos sagrados,
casa sobre pedra era segredo,
pocilga rosnando favos guerra faísca,
tudo era desordem nada era poema,
palavras ossos paredes sob a chuva de sangue,
e a cidade dos mortos era pedra pedra,
ossos cânticos talvez fossem
o príncipe de gelo a tangenciar a morte,
nos caminhos dos cavalos,
rochosos ocultos perdidos nos favos.

II

A dor a morte
e os cogumelos de areia
esculpiram o sebo e o sal
nos olhos da sereia,
o sol e o mar
sobre as planícies de Israel
cantaram aos pés
do chifre do unicórnio perdido,
Adão e Abraão
e as vértebras de Jacó
deram um nó na garganta
da efêmera voz em desalinho,
baleias vertigens
e fêmeas em seus ninhos,
pegadas da misericórdia
de um cego poeta,
que nasce a cada ferida
e morre ferido
em rochas gesso
e ossos
verdes de luz.

III

O fel de Cristo
e os porões do inferno
feitos a patadas de gente
e esferas de fogo,
doce farpa
no cérebro ardente
da palavra túmulo,
caminhos descobertos
prodígios meninos,
pó destinado a cristo,
raposa copiosa a engolir a carne,
áspera garganta
a reinventar o inferno,
velhas agonias
no cenário cambiante
do pássaro ruidoso,
fluida gestação de tudo
e tudo é nada,
cuspida de vinagre
sobre pedra palavras,
vestido branco
da metáfora absurda,
folhas ferro fogo
longos olhos ébrios,
espelhos do túmulo cavado
pelas patas do poeta,

ovos celestes cálices
feixes do mito, minto,
oco vento
memória áspera
raiz do pensamento.

IV

Confundi os cotovelos
mas não o coração,
repousa no caminho dos cavalos
o submerso domínio da palavra
morte,
serpentes mordidas
diabos feridos,
cidade dos mortos
a ressurgir na sombra do medo
dos cegos olhos
que amanhã
tocarão as órbitas
sagradas da tempestade,
raiz da unha
crânio róseo do chumbo,
êxodo lírio
em sol e mel,
Vênus rastreada
além dos jardins d'alma,
espinhos recurvados
jamais reconhecidos,
como pedra palavras
coices no caminho do fogo,
espectro imaculado
no caminho dos cavalos,
rochosos ocultos
perdidos nos favos.

Sagrada fosse a fome

Sarcástico na garganta do apego
um gigante branco chamado fome
ressoa abrasador.

Ver criança pescoço da pele
comer coxinhas de restos humanos
e putas castas a orar nas catedrais do voto
é farejar o absurdo na calçada do abismo.

Tão negro como o carvão só a mandíbula doce
sagradas primaveras por onde navego,
cogumelo a só no escuro, criança criança,
cidades demiurgas suplícios infindáveis,
selvagens sacerdotes na raiz da Terra Fome.

Sarcástico é o senhor.
Sarcástico é o senhor.

Correio de esmolas, crianças famintas,
em meu quarto esguio salmo túmulo (grite),
coisa muda ferradura sem curva,
trêmula a voz da fome grasna
o efeito do feto morto na pança da mãe,

cavalos e anjos em prantos,
jovens príncipes, criança criança,

fogo puro a alimentar a razão (grite).

Sarcástico é o senhor.
Sarcástico é o senhor.

Eu sigo a esmo

Eu grito porque a dor mora em meu peito
cega e profunda como as raízes na terra,
acho que os meus olhos são bons diante de tanta loucura
e sei que o seu sorriso e os seus lábios não me pertencem
e que jamais fluiria do amor um rio de luz crucificada,
enquanto isso o brilho do sol não mais brilha ao meio-dia
e a paz que o vento levou do meu sorriso voa ao léu
como folhas sem direção e homens sem destino,

por mais um instante a lucidez ocultou-me a rainha,
não, não era nos meus braços que ela se acolheria
com os dedos das nuvens
ondulantes como uma catedral perdida no vento,
e eu sigo a esmo, sem fúria ou qualquer suco do amor
[carnal.
Nada de novo existe à mesa!
E aquele medo e aquele orgulho
e aquela dama da noite a morrer a cada dia.

Deixa cair
— se quebrar é porque é forte
nada de colher o amor no vazio
logo o suspiro será frio
desenho de um vasto lago em um vago rio.

Qual das guerras, que ressurreição

Quão dourado é este sol
terra firme mar intenso.

Qual das guerras,
que ressurreição
há de fecundar do meu invento?

Ó, alumiar a terra santa
não é cria de pouco vento.

Qual das guerras, qual razão
surgirá do homem vão
e lhe dará contentamento?

Sábado à noite

Quero espero às sete festa
sentado porra fosse
baratas pegadas pintos
extratos de absintos
abrir o pote e mandar aos quintos.

Arquitexto

Corações crispados,

paixões acampadas nos olhos
— segredos!
Não demonstre nenhuma lágrima,
todo desejo é oculto enquanto vale,
tudo e nele nada contém.

Ouso,
imploro aos deuses que
não rimem as palavras,
afinal o silêncio ecoa
e os verbos elocubrados no espaço
são mais que metáforas,
são passos
em que o poeta vai além dos laços.

Esses alvéolos de arquitextura
tão úmida e forte ainda ressoam,
e não chore, a vida
é a tenra carne da morte.

Algebrando

Seno, cosseno, tangente,
a gente aprendendo a algebrar,
temática de um mundo maquinário
que o dicionário não há de ensinar,
cateto do teto da sala,
paredes em retas tangentes,
volume do cubo de gelo,
espessura do fio de cabelo,
secante, cossecante, cotangente,
a gente e a álgebra linear,
nos divertindo com o cálculo numérico
e por fim aprendendo a contar,
hipérbole com o centro no círculo,
mediatriz da corda na borda,
paralelismo hei de gravar,
limite, integral, derivada,
a gente aprendendo a algebrar.

Ereto e calmo

Com a cabeça ungida
ereto e calmo o filho surge.
Não, não é poesia ou alucinação da hora,
e sim um espectro lunar em uma manhã de sol,
lençol de luz água e sal,
pequeno mancebo a enfeitiçar o meu mundo.

AGRADECIMENTOS

Agradeço o diálogo com José Bechara, as críticas de Ítalo Moriconi e Marco Lucchesi, e o acolhimento da Editora Record.

Este livro foi composto na tipografia
Minion Pro, em corpo 11/16, e impresso em
papel off-white no Sistema Digital Instant Duplex
da Divisão Gráfica da Distribuidora Record.